CADMUS
ET
HERMIONE,
TRAGEDIE

REPRÉSENTÉE POUR LA PREMIERE FOIS,
En 1674. devant LE ROY. Ensuite en 1678.
PAR L'ACADEMIE ROYALE
DE MUSIQUE;
Remise au Theâtre en 1703, en 1711. au mois d'Aoust.
Et le Jeudy vingt-deuxiéme Aoust 1737.

DE L'IMPRIMERIE
De JEAN-BAPTISTE-CHRISTOPHE BALLARD,
Seul Imprimeur du Roy, & de l'Academie Royale de Musique.

M. DCC XXXVII.
AVEC PRIVILEGE DU ROY.
LE PRIX EST DE XXX. SOLS.

L'ACADEMIE ROYALE DE MUSIQUE,

AU ROY.

GRAND ROY, dont la valeur étonne l'Univers,
J'ay préparé pour Vous, mes plus charmants Concerts:
Mais, je viens vainement vous en offrir les charmes,
Vous ne tournez les yeux que du côté des armes,
Vous suivez une voix plus aimable pour vous,
Que les foibles appas de mes Chants les plus doux;
Vous courez où la Cloire aujourd'huy vous appelle,
Et dès qu'elle a parlé, vous n'écoutez plus qu'elle.
Vous destinez ici mes chansons & mes jeux,
Aux divertissements de vos Peuples heureux;
Et lorsque vous allez jusqu'au bout de la terre,
Combler vos Ennemis des malheurs de la guerre,
Vous laissez, en cherchant la peine & les combats,
Les plaisirs de la Paix au cœur de vos Etats.

Mais, croyez-vous, GRAND ROY, que la France inquiete
Puisse trouver sans vous, quelque douceur parfaite,
Et que rien de charmant attire ses regards,
Quand son bonheur s'expose aux plus affreux hazards?
Non, l'on ne craint que trop vôtre ardeur heroïque
Jusques à vos Sujets, l'effroi s'en communique,
Ceux que vous attaquez, ont moins à se troubler,
Nous avons plus à perdre, & devons plus trembler.
L'Empire où vous regnez, sans chercher à s'accroître,
Trouve assez de grandeur à vous avoir pour Maître,
Vôtre Regne suffit à sa felicité,
Souffrez qu'il en joüisse avec tranquillité.
Soyez content de voir au seul bruit de vos armes,
Tant d'Etats agitez de mortelles allarmes,
Vos plus fiers Ennemis abbatus pour jamais,
Et l'Univers tremblant, vous demander la Paix.
Qu'un Peuple dont l'orgüeil attira la tempête,
Par son abaissement, l'écarte de sa tête,
Et quand il n'est plus rien qui puisse resister,
Que la foudre en vos mains, dédaigne d'éclater.
D'un regard adouci, calmez la terre & l'onde,
Ne vous contentez pas d'etre l'effroi du monde,
Et songez que le Ciel vous donne à nos desirs,
Pour être des Humains, l'amour & les plaisirs.

ACTEURS CHANTANTS dans tous les Chœurs.

CÔTÉ DU ROY.		CÔTÉ DE LA REINE.	
Mesdemoiselles.	*Messieurs.*	*Mesdemoiselles.*	*Messieurs.*
Dun.	St. Martin.	Antier-C.	Le Myre.
	Lefebvre.		Deserre.
Ducoudray.	Louette.	Thetelette.	Thurier.
Delorge.	Marcelet.		Dautrep.
	Deshais.	Lavalée.	Galard.
Goussier.	Buseau.		Grolier.
Benard.	François.	Deshaigles.	Houbault.
	Duplessis.	Person.	Bourque.
Varquin.	Rimbault.		Bornet.
Anteaume.	Le Mire, fils.	Rabon.	Lorette.

ACTEURS DU PROLOGUE.

PALE'S, *MELISSE,*	*Divinitez Champêtres,*	Mlles.	Eeremans. Monville.
LE DIEU PAN,			Mr. Le Page.
L'ENVIE,			Mr. Tribou.
LE SOLEIL,			Mr Cuvillier.

DIVERTISSEMENT du Prologue.

FAUNES ET DRIADES;

Messieurs Dangeville, P-Dumoulin, F-Dumoulin.

Mesdemoiselles Carville, Petit, Durocher.

VENTS DE L'AIR;

Monsieur Malter-C.;

Messieurs Dumay, Dupré, Lefebvre.

VENTS SOUTERRAINS;

Messieurs Savar, Javillier-C., Javillier-3.

BERGERS ET BERGERES;

Mademoiselle Le Breton;

Messieurs Malter-L., Matignon, Hamoche.

Mesdemoiselles Dallemaud-C., Le Duc, Lefebvre, Courcelle, St.Germain, St.Huray.

PROLOGUE.

LE SERPENT PITHON.

LE Sujet de ce Prologue eſt pris du premier Livre & de la huitiéme Fable des Metamorphoſes, où Ovide décrit la naiſſance & la mort du monſtrueux SERPENT PYTHON, que le Soleil fit naître par ſa chaleur, du limon bourbeux qui étoit reſté ſur la terre, après le Déluge. Ce Serpent devint ſi terrible, qu'Apollon luy-même fût obligé de le détruire.

Le ſens allegorique de ce ſujet eſt ſi clair, qu'il eſt inutile de l'expliquer. Il ſuffit de dire que LE ROY s'eſt mis au-deſſus des loüanges ordinaires, & que pour former quelque idée de la grandeur & de l'éclat de ſa gloire, il a fallu s'élever juſques à la Divinité même de la lumiere, qui eſt le corps de ſa Deviſe.

Le Theâtre s'ouvre, & repreſente une Campagne où l'on découvre des Hameaux des deux côtez, & un Marais dans le fond; Le Ciel fait voir une Aurore éclatante, qui eſt ſuivie du lever du Soleil, dont le globe brillant s'éleve ſur l'horiſon, dans le temps que les Inſtruments achevent de joüer l'Ouverture.

SCENE PREMIERE.

PALE'S Déesse des Pasteurs, & MELISSE Divinité des Forests & des Montagnes, sortent des deux côtez du Theâtre, & appellent les Troupes Champêtres qui ont coûtume de les suivre.

PALE'S.

Hastez-vous, Pasteurs, accourez.

MELISSE.

La voix des Oiseaux nous appelle.

PALE'S.

Nos Chants sont éclairez.

MELISSE.

Nos Côteaux sont dorez.

* PALE'S.

Tout brille de l'éclat de la clarté nouvelle.

MELISSE.

Mille fleurs naissent dans nos Prez.

ENSEMBLE.

Que l'Astre qui nous luit rend la Nature belle!
Ne perdons pas un seul moment
D'un jour si doux & si charmant.

CHOEUR.

Ne perdons pas un seul moment
D'un jour si doux & si charmant.

Admirons, admirons l'Astre qui nous éclaire,
Chantons la gloire de son cours.
Que tout le monde révere
Le Dieu qui fait nos beaux jours.

SCENE II.

SCENE II.

PAN, & ſes ſuivants viennent prendre part à la réjouiſſance des Nymphes.

PAN.

Que chacun ſe reſſente
De la douceur charmante
Que le Soleil répand ſur ces heureux Climats:
Il n'eſt rien qui n'enchante
Dans ces lieux pleins d'appas,
Tout y rit, tout y chante;
Eh pourquoy ne rirons-nous pas?

La Feſte eſt interrompuë par un bruit ſoûterain. Le Théatre s'obſcurcit.

CHOEURS.

Quel deſordre ſoudain! quel bruit affreux redouble!
Quel épouventable fracas!
Quels gouffres s'ouvrent ſous nos pas!
Le Jour pâlit, le Ciel ſe trouble;
La Terre va vomir tout l'Enfer en courroux:
Fuyons, fuyons, ſauvons-nous, ſauvons-nous.

Dans cette obſcurité ſoudaine, L'ENVIE ſort de ſon Antre qui s'ouvre au milieu du Theâtre: Elle évoque le Monſtrueux SERPENT PYTHON, qui paroît dans ſon Marais bourbeux, jettant des feux par la gueule & par les yeux, qui forment la ſeule lumiere qui éclaire le Theâtre : Elle appelle les VENTS les plus impetueux pour ſeconder ſa fureur.

SCENE III.

L'ENVIE, & ſa Suite.

L'ENVIE.

C'Eſt trop voir le Soleil briller dans ſa carriere ;
Les rayons qu'il lance en tous lieux,
Ont trop bleſſé mes yeux.
Venez, noirs Ennemis de ſa vive lumiere,
Joignons nos tranſports furieux ;
Que chacun me ſeconde,
Paroiſſez, Monſtre affreux :
Sortez, Vents ſoûterrains, des Antres les plus creux,
Volez, Tirans des airs, troublez la terre & l'onde,
Répandons la terreur,
Qu'avec nous le Ciel gronde ;
Que l'Enfer nous réponde :
Rempliſſons la Terre d'horreur.
Que la Nature ſe confonde ;
Jettons dans tous les cœurs du monde
La jalouſe fureur,
Qui déchire mon cœur.

Les Vents à qui L'ENVIE a diſtribué des Serpents, forment autour d'elle des manieres de tourbillons.

L'ENVIE, au Serpent Pithon.

Et vous, Monstre, armez-vous pour nuire
A cet Astre puissant qui vous a sçû produire:
Il répand trop de biens, il reçoit trop de vœux;
Agitez vos marais bourbeux:
Excitez contre luy mille vapeurs mortelles;
Déployez, étendez vos aîles.
Que tous les vents impetueux
S'efforcent d'éteindre ses feux.

Les VENTS forment de nouveaux tourbillons, tandis que LE SERPENT PITHON s'éleve en l'air.

L'ENVIE.

Osons-tous obscurcir ses clartez les plus belles,
Osons-nous opposer à son cours trop heureux:

Quels traits ont crevé le nuage!
Quel torrent enflâmé s'ouvre un brillant passage?
Tu triomphes, Soleil, tout céde à ton pouvoir,
Que d'honneurs tu vas recevoir!
Ah quelle rage!
Quel desespoir!

Des traits enflâmez percent l'épaisseur des nuages, & fondent sur LE SERPENT PITHON, qui tombe embrâsé dans son marais bourbeux; une pluye de feu se répand sur toute la Scene, & contraint L'ENVIE de s'abîmer avec les VENTS soûterrains, tandis que les VENTS de l'air s'envolent. Dans le même instant les nuages se dissipent, & le Theâtre devient entierement éclairé.

L'Assemblée Champêtre que la frayeur avoit chassée, revient pour célébrer la victoire du SOLEIL, & pour luy préparer des trophées & des sacrifices.

SCENE IV.

PALE'S, MELISSE, PAN, & leur Suite.

PALE'S.

CHassons la crainte qui nous presse.

MELISSE.

Rien ne doit plus nous faire peur.

PAN.

Le Monstre est mort, l'orage cesse,
Le Soleil est vainqueur.

CHOEUR.

Conservons la memoire
De sa victoire.
Par mille honneurs divers,
Répandons le bruit de sa gloire
Jusques au bout de l'Univers.

PALE'S.

Mais le Soleil s'avance,
Il se découvre aux yeux de tous.

CHOEUR.

Respectons sa présence;
Par un profond silence,
Ecoûtons, taisons-nous.

SCENE V.

LE SOLEIL sur son Char, & les Acteurs de la Scene précédente.

LE SOLEIL.

CE n'est point par l'éclat d'un pompeux Sacrifice;
Que je me plais à voir mes soins récompensez;
Pour prix de mes travaux ce me doit être assez
Que chacun en joüisse.
Je fais les plus doux de mes vœux
De rendre tout le monde heureux.

Dans ces lieux fortunez les Muses vont descendre,
Les Jeux galants suivront leurs pas;
J'inspire les chants pleins d'appas
Que vous allez entendre:
Tandis que je suivray mon cours,
Profitez des beaux jours.

Le SOLEIL s'éleve dans les Cieux, & toute l'Assemblée Champêtre forme des Jeux.

CHOEUR.

Profitons des beaux jours.

PALE'S ET MELISSE.

Suivons-tous la même envie.

CHOEUR.

Profitons des beaux jours.

MELISSE, ET PALE'S.

Aimons, tout nous y convie.

CHOEUR.

Profitons des beaux jours.

PALE'S ET MELISSE.

Les plus beaux jours de la vie
Sont perdus ſans les Amours.

CHOEUR.

Profitons des beaux jours.

Danſe de BERGERS & de BERGERES.

PALE'S, MELISSE, ET PAN.

Heureux qui peut plaire!
Heureux les Amants!
Leurs jours ſont charmants;
L'Amour ſçait leur faire
Mille doux moments.

Que ſert la jeuneſſe
Aux cœurs ſans tendreſſe?

Qui n'a point d'amour,
N'a pas un beau jour.

Envain l'Hyver passe,
Envain dans les Champs
Tout charme nos sens,
Une ame de glace
N'a point de printemps.

Il faut se défaire
D'un cœur trop sévere;
Qui n'a point d'amour,
N'a pas un beau jour.

PALE'S.

Peut-on mieux faire
Quand on sçait plaire,
Peut-on mieux faire
Que d'aimer bien?

CHOEUR. *Peut-on*, &c.

PALE'S.

Quelque embaras que l'Amour fasse,
C'est toûjours un charmant lien;
Trop de repos bien souvent embarasse,
Que fait-on d'un cœur qui n'aime rien?

CHOEUR.

Quelque embarras, &c.

On danse.

PALE'S.

L'Amour contente,
Sa peine enchante,
L'Amour contente,
Tout en eſt bon.

CHOEUR. *L'Amour*, &c.

PALE'S.

Dans les beaux jours de nôtre vie
Les plaiſirs ſont dans leur ſaiſon;
Et quelque peu d'amoureuſe folie
Vaut ſouvent mieux que trop de raiſon.

FIN DU PROLOGUE.

ACTEURS.

ACTEURS
DE LA TRAGEDIE.

CADMUS, *Fils d'*AGENOR, *Roy de Tir, & Frere d'*EUROPE,	Mr. Chassé.
UN PRINCE TIRIEN,	Mr. Cuvillier.
ARBAS, *Afriquain de la suite de* CADMUS,	Mr. Dun.
HERMIONE, *Fille de* MARS *& de* VENUS,	Mlle. Pellicier.
CHARITE, *Grace, Compagne d'*HERMIONE,	Mlle. Petitpas.
LA NOURRICE *d'*HERMIONE,	Mr. Tribou.
DRACO, *Geant, Roy d'*AONIE,	Mr. Person.
DEUX AFRIQUAINS, *Compagnons d'*ARBAS,	Mrs. { Noiseux. Cuvillier.
JUPITER,	Mr. Lefebvre.
JUNON,	Mlle. Duplessis.

PALLAS, M$^{lle.}$ Monville.

L'AMOUR, M$^{lle.}$ Fel.

MARS, M^{r}. Fontenay.

LE GRAND SACRIFICATEUR *du Dieu* MARS, M^{r}. Albert.

L'HYMEN, M^{r}. Cuvillier.

ECHION, *un des Combattants des Enfans de la Terre*, M^{r}. Gallard.

La Scene eſt dans la Contrée de la Grece, qui étoit appellée *Aonie*, & que CADMUS nomma *Bœotie*.

DIVERTISSEMENT
de la Tragedie.

PREMIER ACTE.

AFRIQUAINS;

Monſieur Javillier-L;

Meſſieurs P-Dumoulin, F-Dumoulin, Dangeville, Hamoche.

Meſd. Dallemaud-L., Dallemaud-C., Le Breton, St.Germain, Lefebvre, Thybert, Courcelle.

DEUXIE'ME ACTE.

STATUES;

Monſieur D-Dumoulin; Mademoiſelle Sallé;

Meſſieurs Dumay, Dupré, Matignon, Lefebvre, Hamoche.

Meſd. Dallemaud-L., Dallemaud-C., St.Germain, Le Duc, Lefebvre.

TROISIE'ME ACTE.

SACRIFICATEURS;

Meſſieurs Savar, Javillier-C., Javillier-3., Dupré.

GUERRIERS;

Mrs. Dumay, Lefebvre, Dangeville, P-Dumoulin.

QUATRIE'ME ACTE.

GUERRIERS NE'S DE LA TERRE;

Meſſieurs Savar, Javillier-C., Javillier-3., Dumay, Dupré, F-Dumoulin, P-Dumoulin, Hamoche, Malter-L., Lefebvre, Matignon, Dangeville.

CINQUIE'ME ACTE.

SUITE DE COMUS;

Monſieur Malter-3.

Meſſieurs Lefebvre, Dupré, Dumay, Javillier-3.

Meſdemoiſelles Thybert, Petit, Courcelle, St.Huray.

BERGERS;

Mademoiſelle Mariette;

Meſſieurs Hamoche, Malter-L.

Meſdemoiſelles Dallemaud-C., Saint-Germain, Le Duc, Lefebvre.

CADMUS
ET
HERMIONE,
TRAGEDIE.

ACTE PREMIER.
Le Theâtre représente une Place publique.

SCENE PREMIERE.
CADMUS, UN PRINCE TIRIEN.

LE PRINCE TIRIEN.

QUOY! Cadmus, fils d'un Roy qui tient sous
sa puissance
Les bords feconds du Nil & les Climats brûlez;
Cadmus, aprés deux ans loin de Tir écoulez,
Etranger chez les Grecs, n'a point d'impatience
De revoir un Pays dont il est l'esperance,
Et laisse sans regret tant de cœurs désolez?

CADMUS.

J'aimerois à revoir les lieux de ma naiſſance ;
Mais, avant que je puiſſe en goûter la douceur,
J'ay juré d'achever une juſte vangeance.

LE PRINCE.

Et cependant, Seigneur,
Vous laiſſez en ces lieux languir vôtre grand cœur !

CADMUS.

Après avoir erré ſur la Terre & ſur l'Onde,
Sans trouver Europe ma ſœur ;
Après avoir envain cherché ſon Raviſſeur,
Le Ciel termine icy ma courſe vagabonde ;
Et c'eſt pour obeïr aux Oracles des Dieux
Qu'il faut m'arrêter en ces lieux.

LE PRINCE.

Si vous trouvez des Dieux dont l'ordre vous engage
A choiſir ce ſéjour ;
Le Dieu que vôtre cœur conſulte davantage
Eſt peut-être l'Amour !

Un Heros invincible....

CADMUS.

Quoi ! doit-on être inſenſible ?
Que ſert contre Hermione un courage indompté ?
Qui peut n'en pas être enchanté ?

Le Dieu Mars est son Pere,
Elle en a la noble fierté;
La Mere d'Amour est sa Mere,
Elle en a la beauté.

LE PRINCE.

A quoy sert un amour qui n'a point d'esperance?
Hermione est sous la puissance
D'un Tyran qui regne en ces lieux.

CADMUS.

C'est un affreux Geant, c'est un Monstre odieux.

LE PRINCE.

Il est du sang de Mars, ce Dieu le favorise,
Et c'est enfin à luy qu'Hermione est promise:
Nul autre des Mortels n'en doit être l'Epoux;
Et si vous en tentez la fatale entreprise,
La Terre avec le Ciel s'armera contre vous.

CADMUS.

Hé bien je periray, si le Destin l'ordonne,
Je veux délivrer Hermione,
Et si je l'entreprends envain,
Je ne sçaurois perir pour un plus beau dessein.

SCENE II.

CADMUS, ARBAS, LE PRINCE.

CADMUS.

Où sont nos Afriquains? que leur troupe s'avance,
La Princesse veut voir leur plus galante danse.
D'où vient qu'aucun d'eux ne paroît?

ARBAS.

Vos ordres sont suivis, Seigneur, & tout est prest:
Mais, le Tyran s'est mis en tête
Qu'il faut que ses Geants dansent dans cette Fête.

CADMUS.

Contentons le Geant, il est icy le maître;
Hermione est soumise à son cruel pouvoir:
Ce divertissement, tel enfin qu'il puisse être,
Me vaudra quelque temps le plaisir de la voir.
S'il ne m'est pas permis de luy parler moy-même,
Et d'oser dire que je l'aime;
Du moins nos Afriquains, par leurs chants les plus doux,
Pourront l'entretenir de mon amour extrême,
En dépit d'un Rival jaloux.

Préparons tout en diligence,
Hâtons-nous, la Princesse avance.
Allons,

SCENE III.

SCENE III.

HERMIONE, CHARITE, LA NOURRICE D'HERMIONE.

HERMIONE.

CEt aimable séjour
Si paisible & si sombre,
Offre du silence & de l'ombre
A qui veut éviter le bruit, & le grand jour;
Ah! que n'est-il aussi facile
De trouver un azile,
Pour éviter l'Amour.

L'impitoyable tirannie,
Dont je suy les barbares loix,
Ne défend pas d'aimer le chant & l'harmonie:
Vous qui me faites compagnie,
Répondez à ma voix.

CHARITE.

On a beau fuir l'Amour, on ne peut l'éviter,
On n'oppose à ses traits qu'une défense vaine:
On s'épargne bien de la peine,
Quand on se rend sans resister.

LA NOURRICE.

Quel choix est en vôtre puissance?
Songez à quel Epoux le Ciel veut vous unir.

HERMIONE.

Je frémis quand j'y pense:
Pourquoy m'en fais-tu souvenir?

LA NOURRICE.

Vous êtes sans espoir du côté de la terre:
Le Roy qui vous retient dans ce charmant séjour,
A pour luy le Dieu de la guerre;
Il a rassemblé dans sa Cour
Les restes des Geants échapez du tonnerre.
Gardez-vous pour Cadmus d'un malheureux amour,
Le don de vôtre cœur luy coûteroit le jour.

HERMIONE.

Ah! quelle cruauté de vouloir me contraindre
A ce choix odieux, que je ne puis souffrir!

LA NOURRICE.

Tout le monde vous trouve à plaindre,
Personne cependant n'ose vous secourir.

CHARITE.

Voicy les Afriquains; mais les Geants les suivent.

HERMIONE.

Quoi! toujours le Geant? quoi! toûjours nous troubler?

CHARITE.

C'est d'ordinaire ainsi que les plaisirs arrivent:
Quelque chagrin fâcheux s'y vient toûjours mêler.

SCENE IV.

HERMIONE, CHARITE, LA NOURRICE, CADMUS, LE PRINCE TIRIEN, Deux AFRIQUAINS, ARBAS, LE GEANT, Quatre autres GEANTS.

ARBAS & deux AFRIQUAINS.

Suivons, suivons l'Amour, laissons-nous enflâmer:
Ah! ah! ah! qu'il est doux d'aimer!

LE PRINCE.

Quand l'Amour nous l'ordonne,
Souffrons ses rigueurs,
Cherissons ses langueurs;
Il n'exemte personne
De ses traits vainqueurs;
Quel peril nous étonne?
Laissons trembler les foibles cœurs.

ARBAS, & les deux AFRIQUAINS.

Suivons, suivons l'Amour, laissons-nous enflâmer:
Ah! ah! ah! qu'il est doux d'aimer!

UN AFRIQUAIN.

Deux Amants peuvent feindre
Quand ils sont d'accord;
Plus l'Amour trouve à craindre,
Plus il fait d'effort;
On a beau le contraindre,
Il en est plus fort.

ARBAS, & les deux AFRIQUAINS.

Suivons, ſuivons l'Amour, laiſſons-nous enflâmer:
Ah! ah! ah! qu'il eſt doux d'aimer!

TOUS TROIS.

On n'a rien de charmant
Aiſément,
Et ſans allarmes:
Mais tout plaît en aimant,
Il n'eſt point de tourment
Qui n'ait des charmes:

Suivons, ſuivons l'Amour, &c.

Après l'Entrée, HERMIONE ſe leve de la place où elle étoit aſſiſe près du GEANT qui la ſuit, & l'arreſte dans le temps qu'elle ſe veut retirer.

LE GEANT.

Il eſt temps de finir ma peine,
Après tant d'injuſtes refus.
Où voulez-vous aller, vous fuyez, Inhumaine?

HERMIONE.

J'étois ici pour voir une danſe Afriquaine:
Les Afriquains ne danſent plus.

LE GEANT.

Rien ne doit plus m'être contraire:
Mars eſt pour moy, c'eſt vôtre Pere,
C'eſt luy qui veut unir vôtre cœur & le mien.

HERMIONE.

Je ſuis Sœur de l'Amour, & Venus eſt ma Mere;
S'ils ne ſont pas pour vous, les comptez-vous pour rien?

LE GEANT.

Il faut que vôtre destinée
Suive l'ordre du Dieu dont vous tenez le jour ;
Et toûjours l'Hymenée
Ne prend pas l'avis de l'Amour.

Vous craignez les raisons, dont je puis vous confondre?
Vous ne m'écoûtez pas ? vous voulez m'éviter ?

HERMIONE.

Quand on n'a rien à répondre,
A quoy sert-il d'écouter?

LE GEANT.

Je vous suivray par tout, malgré vôtre colere:
Sans cesse à vos regards, je veux me présenter:
Et si ce n'est pas pour vous plaire,
Ce sera pour vous tourmenter.

SCENE V.

CADMUS, LE PRINCE TIRIEN.

CADMUS.

C'Est trop l'abandonner à ce cruel ſupplice :
Il eſt temps d'éclater,
Et d'oſer tout tenter
Contre tant d'injuſtice.

LE PRINCE.

C'eſt expoſer vos jours à d'horribles hazards :
Vous aurez à dompter l'affreux Dragon de Mars.
Il faut ſemer ſes dents, & voir ſoudain la Terre
En former des Soldats, pour vous faire la guerre.
Voyez, à quels dangers vous allez vous offrir?

CADMUS.

Je ne vois qu'Hermione, & je la vois ſouffrir :
Tout céde à cette horreur extrême ;
Il eſt moins affreux de mourir,
Que de voir ſouffrir ce qu'on aime.

Rien ne me peut épouvanter :
Malgré tant de périls l'Amour veut que j'eſpere.

SCENE VI.

JUNON, PALLAS, CADMUS, LE PRINCE TIRIEN.

JUNON, sur son Char.

OÙ vas-tu, Téméraire?
Où cour-tu te précipiter?
C'est l'Epouse & la Sœur du Maître du tonnerre,
La Mere du Dieu de la guerre:
C'est Junon qui vient t'arrêter.

PALLAS, sur son Char.

Va, Cadmus, que rien ne t'étonne,
Va, ne crain ni Junon, ni le Dieu des combats:
Ose secourir Hermione.
Tu vois dans ton parti la Guerriere Pallas,
Cours aux plus grands dangers, je vais suivre tes pas,
C'est Jupiter qui me l'ordonne.

JUNON.

Evite un courroux dangereux.

PALLAS.

Profite d'un avis fidele.

JUNON.

Fuis un trépas affreux.

PALLAS.

Cherche dans les périls une gloire immortelle.

CADMUS.

Entre deux Déitez qui ſuſpendent mes vœux,
Je n'oſe réſiſter à pas une des deux ;
Mais je ſuy l'Amour qui m'appelle.

JUNON.

Je pourſuivrai tes jours.

PALLAS.

Je vole à ton ſecours.

JUNON & PALLAS ſont enlevez ſur leurs Chars.

FIN DU PREMIER ACTE.

II. ACTE.

ACTE DEUXIÉME.

Le Theâtre représente un Jardin, orné de Pié-d'estaux portant des Statuës d'or.

SCENE PREMIERE.

ARBAS, CHARITE.

ARBAS.

Charite, il est trop vray, Cadmus veut entreprendre
De remettre Hermione en pleine liberté.
Il l'a dit au Tyran, & je viens de l'entendre.

CHARITE.

Et que dit le Géant, n'est-il point irrité?

ARBAS.

Il rit de sa témerité.
Mon Maître doit voir la Princesse
Avant que d'attaquer le Dragon furieux
Qui veille pour garder ces lieux;
Et l'amour qui pour toy me presse,
Veut que je vienne aussi te faire mes adieux.

En te voyant, belle Charite,
J'avois crû que l'amour fut un plaisir charmant;
Mais, lorsqu'il faut que je te quitte,
J'éprouve qu'il n'est point un plus cruel tourment.

La douleur me saisit, je ne puis plus rien dire...
Quand je pleure & quand je soûpire,
Tu ris, & rien n'émeût ton cœur indifferent?

CHARITE.

Tu fais la grimace en pleurant,
Je ne puis m'empêcher de rire.

ARBAS.

La pitié, tout au moins, devroit bien t'engager
A prendre quelque part à mes ennuis extrêmes.

CHARITE.

S'il est bien vray que tu m'aimes,
Pourquoy veux-tu m'affliger?

ARBAS.

Pour soulager mon cœur du chagrin qui le presse,
Te coûteroit-il tant de t'affliger un peu?

CHARITE.

C'est un poison que la tristesse,
L'amour n'est plus plaisant, dès qu'il n'est plus un jeu.

ARBAS.

On console un Amant des rigueurs de l'absence,
Par de tendres adieux.

CHARITE.

Quand il faut se quitter, un peu d'indifference
Console encore mieux.

ARBAS.

Tu me l'avois bien dit, qu'il étoit impossible
Que ton barbare cœur perdit sa dureté.

CHARITE.

Au moins, si tu te plains de me voir insensible,
Tu dois être content de ma sincerité.

Puisqu'enfin pour te satisfaire,
Je ne puis pleûrer avec toy ;
Si tu voulois me plaire ;
Tu rirois avec moy.

ARBAS.

C'est trop railler de mon martire,
Le dépit m'en doit délivrer :
N'est-on pas bien fou de pleurer
Pour qui n'en fait que rire ?

CHARITE.

Guéri-toy si tu peux,
J'approuve ta colere.

Quand on desespere
Un cœur amoureux,
C'est par un dépit heureux
Qu'il doit se tirer d'affaire.

ENSEMBLE.

Quand on desespere, &c.

ARBAS.

Mais, la Nourrice vient, il me faut éloigner.

CHARITE.

Tu sçais que tu lui plais, la veux-tu dédaigner ?
C'est une conqueste assez belle.

ARBAS.

Si je luy plais, tant pis pour elle.

SCENE II.

LA NOURRICE, ARBAS, CHARITE.

LA NOURRICE.

Quoy! dès que je parois, tu fuis au même instant?
Lorsqu'on a des amis, est-ce ainsi qu'on les quitte?

ARBAS.

Le temps presse, & Cadmus m'attend.

LA NOURRICE.

Quand tu parlois seul à Charite,
Le temps ne te pressoit pas tant:
Quelle charme a-t-elle qui t'attire?
Qu'ay-je qui te fait en aller.

ARBAS.

J'avois à luy parler,
Je n'ay rien à te dire.
Je dois suivre Cadmus, nous partons de ce lieu.

LA NOURRICE.

Me dire adieu, du moins, est une bien-séance,
Dont rien ne te dispense.

ARBAS.

Je te dis donc adieu.

SCENE III.

LA NOURRICE, CHARITE.

LA NOURRICE.

IL me quitte, l'Ingrat, il me fuit, l'Infidele!
Ne crain pas que je te rapelle;
Va, cour, je te laisse partir:
Va, je n'ay plus pour toy qu'une haine mortelle:
Puisse-tu rencontrer la mort la plus cruelle!
Puisse le Dragon t'engloutir!

CHARITE.

Croy-moy, modere
L'éclat de ta colere;
Un dépit qui fait tant de bruit,
Fait trop d'honneur à qui nous fuit.

LA NOURRICE.

Ah! vraiment je vous trouve bonne!
Est-ce à vous, petite Mignone,
De reprendre ce que je dis?
Attendez l'âge
Où l'on est sage,
Pour donner des avis.

CHARITE.

Je suis jeune, je le confesse,
Trouve-tu ce défaut si digne de mépris?
N'a t'on point de bons sens, qu'en perdant la jeunesse?
Il seroit bien cher à ce prix.

LA NOURRICE.

Le temps doit meurir les esprits.
Et c'est le fruit de la vieillesse.

CHARITE.

Il n'est pas seur que la sagesse
Suive toûjours les cheveux gris.

LA NOURRICE.

Je souffre peu que l'on me blesse;
Par des discours piquants,
Préten-tu m'insulter sans cesse?

CHARITE.

Je respecte trop tes vieux ans.
Mais Cadmus, & la Princesse
Viennent dans ces lieux:
Ne troublons pas leurs adieux.

SCENE IV.

CADMUS, HERMIONE.

CADMUS.

JE vais partir, belle Hermione,
Je vais éxécuter ce que l'Amour m'ordonne;
Malgré le péril qui m'attend,
Je veux vous délivrer, ou me perdre moy-même;
Je vous voy, je vous dis enfin que je vous aime,
C'est assez pour mourir content.

HERMIONE.

Ah! Cadmus, pourquoy m'aimez-vous?
Pourquoy vouloir chercher une mort trop certaine?
Et que peut la valeur humaine
Contre le Dieu Mars en courroux.
Voyez en quels périls vôtre amour nous entraîne?
J'aurois mieux aimé vôtre haine :
Ah! Cadmus, pourquoy m'aimez-vous?

CADMUS.

Vous m'aimez, il suffit, ne soyez point en peine;
Mon destin, tel qu'il soit, ne peut étre que doux.

HERMIONE.

Vivons pour nous aimer, & cessez de poursuivre
Le funeste dessein que vous avez formé :
Il doit être bien doux de vivre,
Lorsqu'on aime & qu'on est aimé.

CADMUS.

Sous une injuste loy je vous vois asservie;
Seroit-ce vous aimer, que le pouvoir souffrir?
Lorsque pour ce qu'on aime on s'expose à périr,
La plus affreuse mort a dequoy faire envie.

HERMIONE.

Mais, vous ne songez pas qu'il y va de ma vie;
Faut-il que pour mes jours vous soyez sans effroy?
Je vivray sous l'injuste loy
Où mon cruel destin me livre :
Mais, si vous périssez pour moy,
Je ne pourray pas vous survivre.

CADMUS.

J'ay besoin de secours, voulez-vous m'accabler?
Ah! Princesse, est-il temps de me faire trembler?

HERMIONE.

Soyez sensible à mes allarmes.

CADMUS.

Je ne sens que trop vos douleurs.

HERMIONE.

Partirez-vous malgré mes pleurs?

CADMUS.

Il faut aller tarir la source de vos larmes.

HERMIONE.

Quoy! vous m'allez quitter?

CADMUS.

Je vais vous secourir.

HERMIONE.

Ah! vous allez périr!
Vous cherchez une mort horrible;
Mon amour me dit trop que vous perdrez le jour.

CADMUS.

L'amour que j'ay pour vous ne croit rien d'Impossible:
Il me flatte, en partant, d'un bienheureux retour.

ENSEMBLE.

Croyez-en mon amour.

HERMIONE.

Vous n'écoutez point ma tendresse;
Rien ne vous retient?

CADMUS.

Le temps presse.

ENSEMBLE.

ENSEMBLE.

Au nom des plus beaux nœuds que l'amour ait formez,
Vivez, si vous m'aimez.

CADMUS.

Esperons.

HERMIONE.

Tout me désespere.
Que je me veux de mal d'avoir trop sçu vous plaire!

ENSEMBLE.

Qu'un tendre amour coûte d'ennuis!

HERMIONE.

Vous fuyez?

CADMUS.

Il le faut.

HERMIONE.

Demeurez.

CADMUS.

Je ne puis.
Je m'affoiblis plus je differe:
Il faut m'arracher de ce lieu.

HERMIONE.

Ah! Cadmus!

CADMUS.

Hermione!

ENSEMBLE.

Adieu.

SCENE V.

HERMIONE.

AMour, voy quels maux tu nous fais,
Où sont les biens que tu promets ?
N'as-tu point pitié de nos peines ?
Tes rigueurs les plus inhumaines
Seront-elles toûjours pour les plus tendres cœurs ?
Pour qui, cruel Amour, gardes-tu tes douceurs ?

SCENE VI.

L'AMOUR, HERMIONE.

L'AMOUR sur un nuage.

CAlme tes déplaisirs, dissipe tes allarmes,
L'Amour vient essuyer tes larmes,
Il n'abandonne pas ceux qui suivent ses loix.
Souvien-toy que tout m'est possible.

Que rien à mon abord ne demeure insensible ;
Que pour la divertir tout s'anime à ma voix.

Des Statuës d'or sont animées par l'AMOUR, & sautent de leurs pié-d'estaux pour danser.

L'AMOUR.

Cessez de vous plaindre
De souffrir en aimant ;
Amants, vous devez ne rien craindre,
Si vous souffrez, vôtre prix est charmant.

Après des rigueurs inhumaines
On aime ſans peines,
On rit des Jaloux :
Un bien plein de charmes,
Qui coûte des larmes,
En devient plus doux.

Tout doit rendre hommage
A l'Empire amoureux ;
Il faut tôt ou tard qu'on s'engage :
Sans rien aimer, on ne peut être heureux.

Après des rigueurs inhumaines,
On aime ſans peines,
On rit des Jaloux,
Un bien plein de charmes,
Qui coûte des larmes,
En devient plus doux.

On danſe.

CHOEUR, DES PLAISIRS ET LES JEUX.

Non, non, il n'eſt pas poſſible,
De contraindre un cœur ſenſible,
A n'aimer jamais ;
C'eſt pour l'Amour que tous les cœurs ſont faits :
Contre un Dieu ſi charmant, quel cœur eſt invincible!
On fuit envain d'inévitables traits.

L'AMOUR.

Amours, venez semer mille fleurs sous ses pas.

HERMIONE.

Laissez-moy ma douleur, j'y trouve des appas.
Dans l'horreur d'un péril extrême,
Est-ce-là le secours que l'on me doit offrir?
Peut-être ce que j'aime
Est tout prest de périr.

L'AMOUR.

Je vais le secourir.

FIN DU DEUXIE'ME ACTE.

ACTE TROISIEME.

Le Théatre represente un Desert, & une Grotte.

SCENE PREMIERE.

ARBAS, DEUX AFRIQUAINS.

ARBAS.

ACquittons-nous des soins où Cadmus nous engage.

Quel bruit! non, ce n'est rien, courage, Amis, courage.
Qu'on a peine à donner du courage en tremblant?
Il ne tient pas à moy que je ne sois vaillant,
Je tâche au moins de le paroître;
Je ne suis pas le seul qui se pique de l'être,
Et qui n'en fait que le semblant.

Il faut puiser de l'eau pour la cérémonie;
Avancez, je vous suy. Quel Dragon furieux!
O Dieux, ô Dieux!

Dans le temps que les deux AFRIQUAINS veulent puiser de l'eau, le DRAGON s'élance sur eux, & les entraîne.

ARBAS.

Ah! c'est fait de ma vie!
N'est-il point d'arbres, ou de rocher,
Qui s'entrouvre pour me cacher.

SCENE II.

CADMUS, ARBAS.

CADMUS.

Où vas-tu?

ARBAS.

Le Dragon....

CADMUS.

He-bien?

ARBAS.

Ah! mon cher Maître..

CADMUS.

Parle donc?

ARBAS.

Le Dragon...

CADMUS.

Où le vois-tu paraître?
Je regarde par tout, & je n'apperçois rien.
Où sont tes Cômpagnons,

ARBAS.

Hélas!
Ils viennent à mes yeux de subir le trépas.

CADMUS.

Allons, courons à la vangeance.

ARBAS.

Non, plûtôt du Dragon évitez la présence,
Laissez-le se cacher... Ah! le voilà qui sort.
Cachons-nous, je suis mort!

ARBAS se cache, & CADMUS combat contre le Dragon.

CADMUS, après avoir tué le DRAGON.

Il ne faut plus que je differe
D'engager le Dieu Mars à calmer sa colere:
Si je puis l'adoucir, rien ne me peut troubler.
Mes gens sont écartez, il faut les rassembler.

SCENE III.

ARBAS sortant de l'endroit où il étoit caché.

LE Dragon assouvi de sang & de carnage,
S'est enfin retiré dans quelqu'antre sauvage:
Tout est calme en ces lieux, & je n'entends plus rien.
Je sens revenir mon courage,
Et je crois que je fuirai bien.

Allons conter par tout le trépas de mon Maître.
Que je plains son funeste sort !
Allons ; mais que vois-je paroître !
Le Dragon étendu ! Ne fait-il point le mort ?
Non, je le vois percé, son sang coule, ah ! le traître !
Je ne puis contre luy retenir mon couroux,
Et je veux luy donner au moins les derniers coups.

ARBAS met l'épée à la main, & va percer le DRAGON qui fait encore quelque mouvement, ce qui oblige ARBAS à retourner sur le devant du Théatre.

SCENE IV.

LE PRINCE TIRIEN, ARBAS.

LE PRINCE.

Quoy ! l'épée à la main ! que faut-il entreprendre ?
De quel péril es-tu pressé ?
Je prendray soin de te deffendre.

ARBAS.

Vous venez un peu tard, le péril est passé.

LE PRINCE.

Que vois-je ! qui l'eût pû croire ?
Quoy, le Dragon est abbatu !

ARBAS.

Nous en avons sans vous remporté la victoire.

LE PRINCE.

LE PRINCE.

As-tu ſuivi Cadmus? As-tu part à ſa gloire?

ARBAS.

Eh, nous n'étions pas loin, quand il a combatu.

LE PRINCE.

Ah! quel chagrin pour moy de manquer l'avantage
De faire éclater mon courage!

ARBAS.

Tous ces chagrins & ces regrets
Sont des ſoins qui ne coûtent guerre:
Quand on ne voit plus rien à faire;
On fait le brave à peu de frais.

LE PRINCE.

On prend peu garde à toy; Cadmus me rend juſtice,
Mais il vient, plaçons-nous, pour voir le Sacrifice.

SCENE V.

CADMUS, LE PRINCE TIRIEN, ARBAS, LE GRAND SACRIFICATEUR. Troupe de Sacrificateurs.

LE GRAND SACRIFICATEUR.

O Mars! ô Toy qui peux
Déchaîner quand tu veux,
Les fureurs de la guerre;
O Mars, reçoi nos vœux.

LE CHOEUR DES SACRIFICATEURS.

O Mars, reçoi nos vœux.

LE GRAND SACRIFICATEUR.

Ton funeste couroux n'est pas moins dangereux
Que l'éclat fatal du Tonnerre :
O Mars, reçoi nos vœux.

CHOEUR.

O Mars, reçoi nos vœux.

LE GRAND SACRIFICATEUR.

Les combats sanglants sont tes jeux :
Tu sçais, quand il te plait, remplir toute la terre
De ravages affreux.
O Mars, reçoi nos vœux.

CHOEUR.

O Mars, reçoi nos vœux.

LE GRAND SACRIFICATEUR.

Mars redoutable !
Mars indomptable !
O Mars ! ô Mars ! ô Mars !

CHOEUR. *Mars redoutable !* &c.

LE GRAND SACRIFICATEUR.

O Mars impitoyable !
Est-il irrevocable
Que ta haine implacable
Accable
Une ame inébranlable,
Au milieu des hazards ?

CHOEUR.

O Mars ! ô Mars ! ô Mars !
Mars redoutable !
Mars indomptable !
O Mars ! ô Mars ! ô Mars !

LE GRAND SACRIFICATEUR.

Que le tumulte des allarmes,
Que le bruit, que le choc, que le fracas des armes
Retentissent de toutes parts.

CHOEUR.

O Mars ! ô Mars ! ô Mars !
Mars redoutable !
Mars indomptable ?
O Mars ! ô Mars ! ô Mars !

LE GRAND SACRIFICATEUR.

Qu'on fasse approcher la Victime :
Puisse-t'elle calmer le couroux qui t'anime,
Et n'attirer sur nous que tes plus doux regards ?

CHOEUR.

O Mars ! ô Mars ! ô Mars !
Mars redoutable !
Mars indomptable !
O Mars ! ô Mars ! ô Mars !

SCENE VI.

MARS paroît ſur ſon Char, & interrompt les SACRIFICATEURS.

MARS.

C'Eſt vainement que l'on eſpere
Que d'inutiles vœux appaiſent ma colere;
Je ne révoque point mes loix.
Si Cadmus veut me ſatisfaire,
Qu'il acheve, s'il ſe peut, de mériter mon choix
Un vain reſpect ne peut me plaire,
On ne ſatisfait Mars, que par de grands exploits.
Vous que l'Enfer a nourries,
Venez, cruelles Furies,
Venez, briſez l'Autel en cent morceaux épars.

CHOEUR.

O Mars! ô Mars! ô Mars!

Quatre FURIES deſcendent, & briſent l'Autel.

FIN DU TROISIE'ME ACTE.

ACTE QUATRIE'ME.

Le Theâtre représente le Champ de MARS.

SCENE PREMIERE.

CADMUS, ARBAS.

CADMUS.

VOici le Champ de Mars, il faut que sans remise,
J'acheve icy mon entreprise;
J'ay les dents du Dragon, & je vais les semer.

ARBAS.

Ce sont des ennemis que vous verrez former:
Tant de Soldats armez vont naître,
Que vous serez d'abord accablé de leurs coups;
Et vous ne songez pas peut-être,
Que vous n'avez icy que moy seul avec vous.

CADMUS.

Accomply ce que je t'ordonne:
Si je ne fais qu'un vain effort,
Si-tôt que tu sçauras ma mort,
Hâte-toy de voir Hermione;
Va, porte-lui mes derniers vœux,
Qu'elle vive; il suffit de plaindre un malheureux;
Qu'elle ait soin de garder le souvenir fidele
D'une flâme si belle;
C'est l'unique prix que je veux
De ce que j'aurai fait pour elle.

Je ne prétends plus t'arrêter.

SCENE II.

L'AMOUR, CADMUS.

L'AMOUR, sur un nuage brillant.

CAdmus, reçoy le don que je viens t'apporter;
C'est l'ouvrage du Dieu qui forge le tonnerre:
Ne manque pas de le jetter
Au milieu des Soldats enfantez par la terre.

Il faut faire voir en ce jour
Ce que peut un grand cœur secondé par l'Amour.

Acheve le dessein où mon ardeur t'engage.

CADMUS.

Je te vais obéir sans tarder davantage.

L'AMOUR s'envole, CADMUS seme les dents du DRAGON, & la terre produit des Soldats armez, qui se préparent d'abord à tourner leurs armes contre CADMUS; mais il jette au milieu d'eux, une maniere de Grenade que l'AMOUR luy a apportée. Elle se brise en plusieurs éclats, & inspire aux Combattants une fureur, qui les oblige à combattre les uns contre les autres, & à s'entregorger eux-mêmes. Les derniers qui demeurent viennent aporter leurs armes aux pieds de CADMUS.

SCENE III.

CADMUS, ECHION, Troupe de Combattants.

ECHION.

ARrêtons un transport funeste ;
Pourquoy nous immoler en naissant dans ces lieux?
Réservons le sang qui nous reste,
Pour servir un Heros favorisé des Cieux.

CADMUS.

Allez, que dans ces murs chacun de vous s'empresse
De rendre hommage à la Princesse
Qui doit donner icy des ordres absolus ;
Vos premiers respects luy sont dûs :
Je vous suivray de prés, c'est ma plus douce envie.

LES COMBATTANTS obéissent à CADMUS.

CADMUS.

Cherchons nos Tiriens, ils tremblent pour ma vie.
Allons les rassurer, voyons de toutes parts.

SCENE IV.

LE GEANT, CADMUS.

LE GEANT.

NOn, ce n'est pas assez d'avoir satisfait Mars:
Tu vois un ennemi qu'il faut encore abattre,
Au lieu de triompher, recommence à combattre.

CADMUS.

Combattons.

LE GEANT.

J'ay pitié du péril que tu cours:
Il m'est honteux de vaincre avec tant d'avantage;
Va, fuy, & céde-moy l'Objet de nos amours.
Tu n'auras plus de Dieux qui défendent tes jours.

CADMUS.

Les Dieux m'ont donné du courage,
Et c'est un assez grand secours.

LE GEANT.

Voyons s'il n'est rien qui t'étonne.

SCENE V.

LE GEANT, TROIS AUTRES GEANTS, PALLAS, CADMUS.

LE GEANT.

QV'on vienne à moy, qu'on l'environne,
Qu'on le perce de tous côtez.

PALLAS, assise sur un Hibou volant.

Cadmus, ferme les yeux. Perfides, arrêtez.

PALLAS.

PALLAS découvre ſon bouclier, & le préſente aux yeux des quatre GEANTS, qui demeurent immobiles, & deviennent en un inſtant quatre Statuës de pierre.

PALLAS.

Voy, Cadmus, voy quel ſuplice
A puni leur injuſtice.

CADMUS.

Que vois-je! les Geants armez
Ne ſont plus des corps animez!

PALLAS.

Je t'ay promis mon aſſiſtance,
Je vais te préparer un ſuperbe Palais:
Je veux joindre aux douceurs d'un Hymen plein d'attraits,
L'éclat & la magnificence.

Goûte en paix un ſort glorieux:
Va, n'écoute plus rien que l'amour qui t'anime;
Hermione vient dans ces lieux.

CADMUS.

Par quel remerciment faut-il que je m'exprime?

PALLAS, remontant au Ciel.

Proteger la vertu d'un Prince magnanime,
C'eſt le plus doux employ des Dieux.

SCENE VI.

CADMUS, HERMIONE, Suite d'HERMIONE & de CADMUS.

CADMUS.

Ma Princesse!

HERMIONE.

Cadmus!

CADMUS.

Quel bonheur!

HERMIONE.

Quelle gloire!

CADMUS.

Je vous vois libre enfin!

HERMIONE.

Je vous revois vainqueur!

CADMUS.

Quelle favorable victoire!

HERMIONE.

Qu'elle a coûté cher à mon cœur!

CADMUS.

Que c'est un charmant avantage,
Que de pouvoir sauver d'un cruel esclavage
La Beauté dont on est charmé!

HERMIONE.

Que c'est un sort digne d'envie
Que de pouvoir tenir le bonheur de sa vie,
De la main d'un Vainqueur aimé!

ENSEMBLE.

Aprés des rigueurs inhumaines,
Le Ciel favorise nos vœux;
Ah! que le souvenir des peines
Est doux, quand on devient heureux!

CADMUS.

Dieux! je ne vois plus Hermione!
Quel nuage épais l'environne!

Un nuage s'éleve de la terre, qui envelope HERMIONE.

SCENE VII.

JUNON, CADMUS, HERMIONE, & leur Suite.

JUNON sur un Paon.

TU vois l'effet de mon couroux,
Il faut combattre encore Junon & sa puissance:
Le soin que prend pour toy mon infidele époux,
Attire sur tes feux l'éclat de ma vangeance.
Iris, détruy l'espoir de cet audacieux;
Enleve sur ton Arc, Hermione à ses yeux:
Execute à l'instant ce que Junon t'ordonne.

CHOEURS.

O Ciel! ô Ciel! Hermione! Hermione!

FIN DU QUATRIE'ME ACTE.

ACTE CINQUIE'ME.

Le Théatre représente le Palais que PALLAS a preparé pour les Nôces de CADMUS & d'HERMIONE.

SCENE PREMIERE.

CADMUS.

Belle Hermione, helas! puis-je étre heureux sans vous?
Que sert dans ce Palais la pompe qu'on prépare?
Tout espoir est perdu pour nous:
Le bonheur d'un amour si fidele & si rare,
Jusques entre les Dieux a trouvé des jaloux.
Belle Hermione, helas! puis-je étre heureux sans vous?

Nous nous étions flattez que nôtre sort barbare
Avoit épuisé son courroux:
Quelle rigueur quand on sépare
Deux cœurs prets d'étre unis par des liens si doux?
Belle Hermione, helas! puis-je étre heureux sans vous?

SCENE II.

PALLAS, CADMUS.

PALLAS, sur un nuage.

TEs vœux vont être satisfaits;
Jupiter & Junon ont fini leur querelle,
L'Amour luy-même a fait leur paix.
Ton Hermione enfin descend dans ce Palais,
Les Dieux s'avancent avec elle;
Le Ciel veut que ce jour soit célébre à jamais.

SCENE DERNIERE.

JUPITER, L'HYMEN, JUNON, VENUS, MARS, PALLAS, L'AMOUR, ARBAS, LA NOURRICE, CHARITE, CADMUS, HERMIONE, ET LES CHOEURS.

JUPITER.

QUe ce qui suit les loix du Maître du Tonnere,
Que les cieux & la terre
S'accordent pour combler vos vœux.

Après un sort si rigoureux,
Après tant de peines cruelles,
Amants fidelles,
Vivez heureux.

CHOEURS. *Après un sort*, &c.

JUPITER.

Hymen, prend ſoin icy des danſes & des jeux.

CHOEURS.

Amants fidelles,
Vivez heureux.

L'HYMEN.

Venez, Dieu des Feſtins, aimables Jeux, venez:
Comblez de vos douceurs ces Epoux fortunez,
Tandis que tout le Ciel prépare
Les dons qu'il leur a deſtinez,
La Terre y doit méler ce qu'elle a de plus rare.

Venez, Dieu des Feſtins, aimables Jeux, venez:
Comblez de vos douceurs ces Epoux fortunez.

ARBAS ET LA NOURRICE.

Serons-nous dans le ſilence
Quand on rit, & quand on danſe!
Les chagrins ont eu leur temps,
Pour jamais le Ciel les chaſſe,
Les Plaiſirs ont pris leur place:
Quand deux cœurs ſont conſtants,
Ou tôt, ou tard ils ſont contents.

⁂

Qu'il eſt doux quand on ſoupire,
De ſortir d'un long martire:
Les Chagrins ont eu leur temps;
Pour jamais le Ciel les chaſſe,
Les Plaiſirs ont pris leur place:

Quand deux cœurs sont constants,
Ou tôt, ou tard ils sont contents.

On danse.

CHARITE.

Amants, aimez vos chaînes,
Vos soins & vos soûpirs:
L'Amour, suivant vos peines,
Mesure vos plaisirs.

Il cause des allarmes,
Il vend bien cher ses charmes;
Mais pour un si grand bien,
Tout les maux ne sont rien.

Sans une aimable flâme,
La vie est sans appas:
Qui peut toucher une ame
Qu'Amour ne touche pas?

Il cause des allarmes, &c.

TOUS LES CHOEURS.

Après un sort si rigoureux.
Après tant de peines cruelles,
Amants fidelles,
Vivez heureux.

FIN DU CINQUIE'ME ET DERNIER ACTE.

APROBATION.

J'AY lû par Ordre de Monseigneur le Chancelier, cette nouvelle Edition de l'Opera de CADMUS. A Paris ce treize Aoust 1737. LA SERRE.

PRIVILEGE DU ROY.

LOUIS par la grace de Dieu, Roy de France & de Navarre: A nos amez & feaux Conseillers, les Gens tenans nos Cours de Parlement, Maîtres des Requêtes ordinaires de nôtre Hôtel, Grand Conseil, Prevôt de Paris, Baillifs, Sénéchaux, leurs Lieutenans-Civils, & autres nos Justiciers qu'il appartiendra, Salut. Nôtre cher & bien amé le Sieur LOUIS-ARMAND EUGENE DE THURET, cy-devant Capitaine au Regiment de Picardie; Nous a fait représenter que, par Arrest de nôtre Conseil du 30. May 1733. Nous avons revoqué le Privilege qui avoit été accordé au Sieur le Comte & ses Associez, pour raison de l'Academie Royale de Musique, ses circonstances & dépendances, & rétabli ledit Privilege en faveur dudit Sieur Exposant, pour en joüir par luy, ses Associez, Cessionnaires & Ayans-cause aux charges & conditions portées par ledit Arrest, pendant le temps & espace de vingt-neuf années, à compter du premier Avril de ladite année 1733 & que pour l'exploitation dudit Privilege, ledit Sieur Exposant se trouve obligé de faire imprimer & graver les Paroles & la Musique des Opera qui doivent être représentez; mais que pour cet effet il a besoin de nôtre permission & des Lettres qu'il Nous a tres-humblement fait supplier de luy accorder. A CES CAUSES, voulant favorablement traiter ledit Exposant: Nous luy avons permis & permettons par ces Presentes de faire imprimer & graver *les Paroles & Musique des Opera, Ballets & Fêtes qui ont été ou qui seront représentez par l'Academie Royale de Musique, tant séparément que conjointement* en tels Volumes, forme, marge, caractere, & autant de fois que bon luy semblera, & de les faire vendre & débiter par tout nôtre Royaume, pendant le temps de vingt-neuf années consecutives, à compter du jour de la datte desdites Presentes. Faisons défenses à toutes personnes, de quelque qualité & condition qu'elles soient d'en introduire d'Impression ou Gravûre Etrangere dans aucun lieu de nôtre obéïssance: Comme aussi à tous Imprimeurs, Libraires, Graveurs, Imprimeurs, Marchands en Taille-Douce, & autres de graver, ny faire graver, imprimer, ou faire imprimer, vendre, faire vendre, débiter ny contrefaire lesdites Impressions, Planches & Figures de Paroles, de Musique des Opera, Ballets & Fêtes, qui ont été ou qui seront representez par ladite Academie Royale de Musique, tant separément que conjointement en tout ny en partie, sans la permission expresse & par écrit dudit Sieur Exposant, ou de ceux qui auront droit de luy; à peine de confiscation, tant des Planches & Figures, que des Exemplaires contrefaits & des Ustanciles qui auront servy à ladite contrefaçon, que Nous entendons être saisis en quelque lieu qu'ils soient trouvez; de dix mille livres d'amende contre chacun des Contrevenans, dont un tiers à Nous, un tiers à l'Hôtel-Dieu de Paris, l'autre tiers audit Sieur Exposant, & de tous dépens, dommages & interests, à la charge que ces Presentes seront enregistrées tout au long sur le Registre de la Communauté des Libraires & Imprimeurs de Paris, dans trois Mois de la datte d'icelles; Que la Gravûre & Impression desdites Paroles & Opera sera faite dans nôtre Royaume & non ailleurs, en bon papier & beaux caracteres, conformément aux Reglemens de la Librairie, & notamment à celui du dix Avril 1725. & qu'avant que de les exposer en vente, les Manuscrits gravez ou imprimez seront remis dans le même état où les Aprobations auront été données és mains de nôtre tres-cher & feal Chevalier Garde des Sceaux de France le Sieur Chauvelin; & qu'il en sera ensuite remis deux Exemplaires de chacun dans nôtre Bibliotheque publique, un dans celle de nôtre Château du Louvre, & un dans celle de nôtre tres-cher & feal Chevalier Garde des Sceaux de France, le Sieur Chauvelin; Le tout à peine de nullité des Presentes; Du contenu desquelles Vous mandons & enjoignons de faire joüir ledit Sieur Exposant, ou ses Ayants-cause, pleinement & paisiblement sans souffrir qu'il leur soit fait aucun trouble ou empeschement. Voulons que la Copie desdites presentes, qui sera imprimée tout au long au commencement ou à la fin desdites Paroles ou Opera, soit tenuë pour dûement signifiée; & qu'aux Copies collationnées par l'un de nos amez & feaux Conseillers & Secretaires, foy soit ajoûtée comme à l'Original. Commandons au premier nôtre Huissier ou Sergent, de faire pour l'execution d'icelles tous Actes requis & necessaires, sans demander autre permission, & nonobstant Clameur de Haro, Chatre Normande & Lettres à ce contraires. CAR tel est nôtre plaisir. DONNE' à Fontainebleau le douziéme jour de Novembre, l'An de Grace mil sept cent trente-quatre, & de nôtre Regne le vingtiéme; *Et plus bas*, Par le Roy en son Conseil. *Signé* SAINSON, avec paraphe.

J'ay cedé à M. BALLARD le present Privilege, suivant le Traité fait avec luy le premier Septembre 1730. A Paris ce 23. Novembre 1734. DE THURET.

Registré ensemble la Cession sur le Registre VIII. de la Chambre Royale des Libraires & Imprimeurs de Paris. N. *797. fol. 779. conformément aux anciens Reglemens confirmez par celuy du 28. Fevrier 1723. A Paris le 23. Novembre 1734.* G. MARTIN, Syndic.

www.ingramcontent.com/pod-product-compliance
Ingram Content Group UK Ltd.
Pitfield, Milton Keynes, MK11 3LW, UK
UKHW031947260826
14628UKWH00004B/1911

9 782329 369761